This Book Belongs to

____

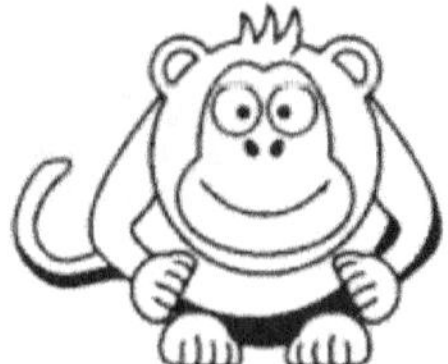

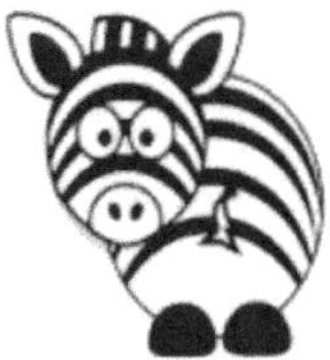

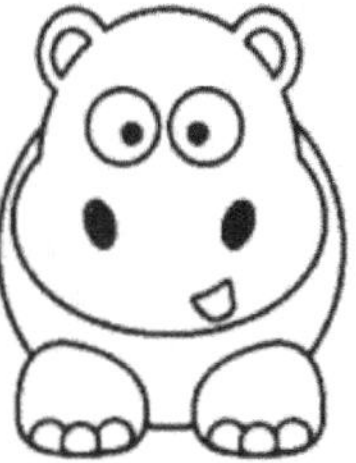

1

____

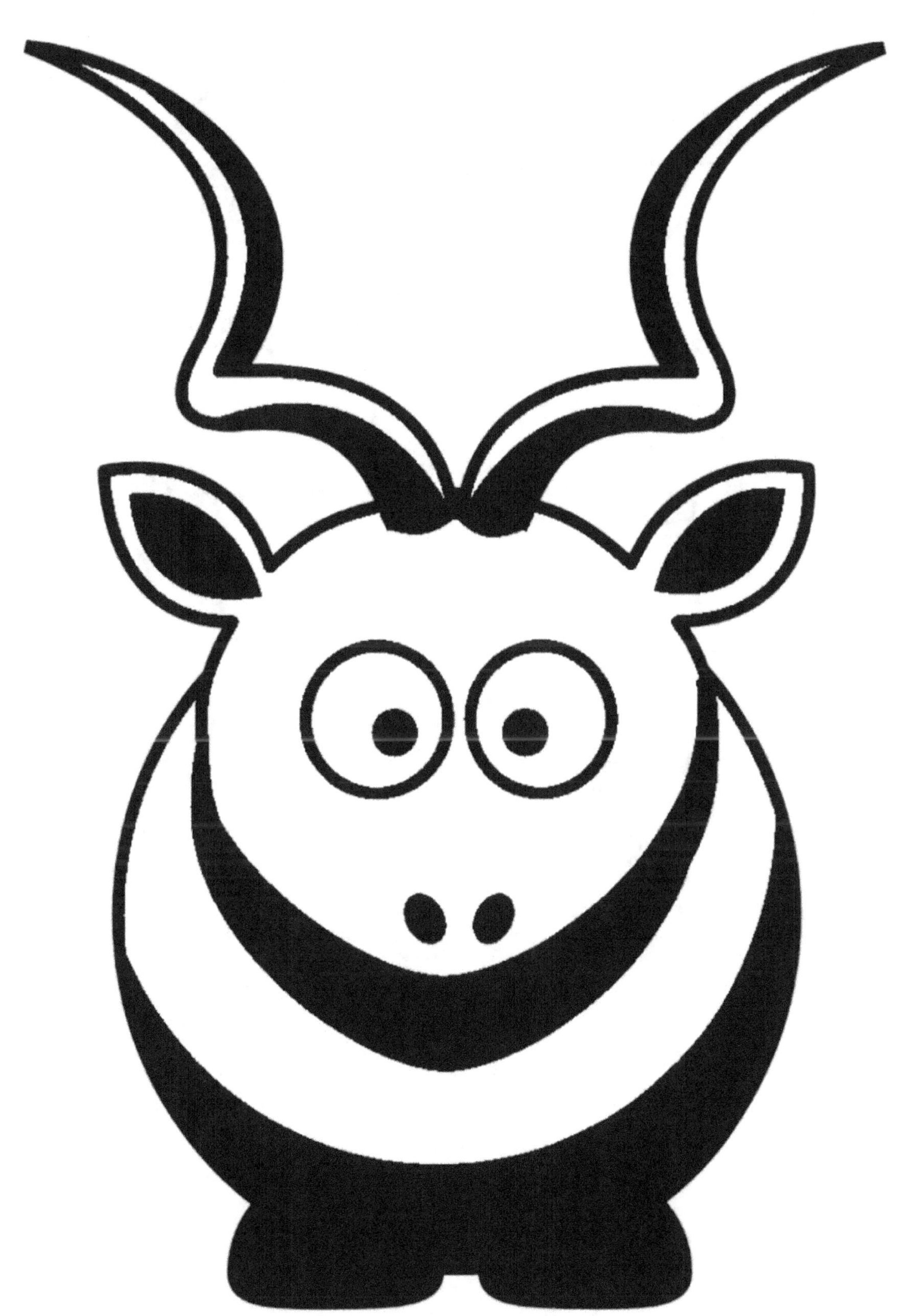

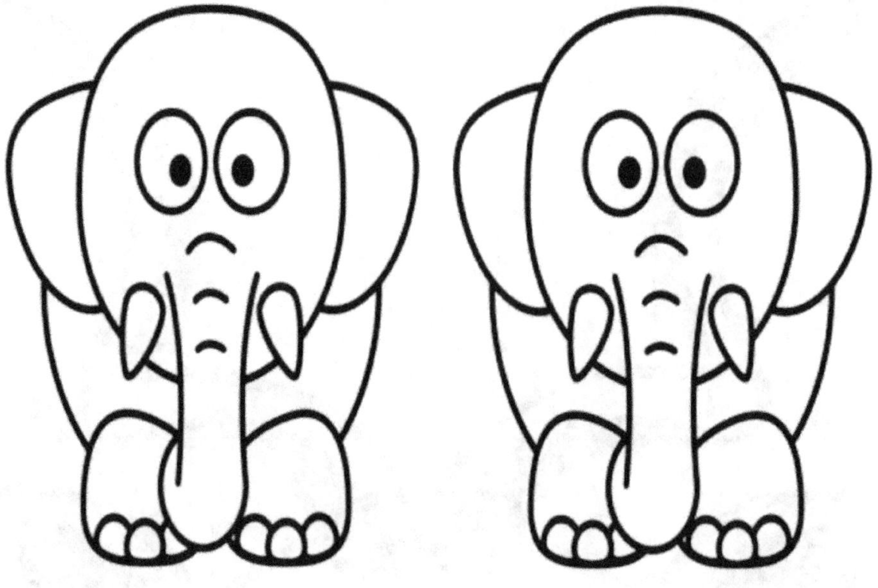

2 _

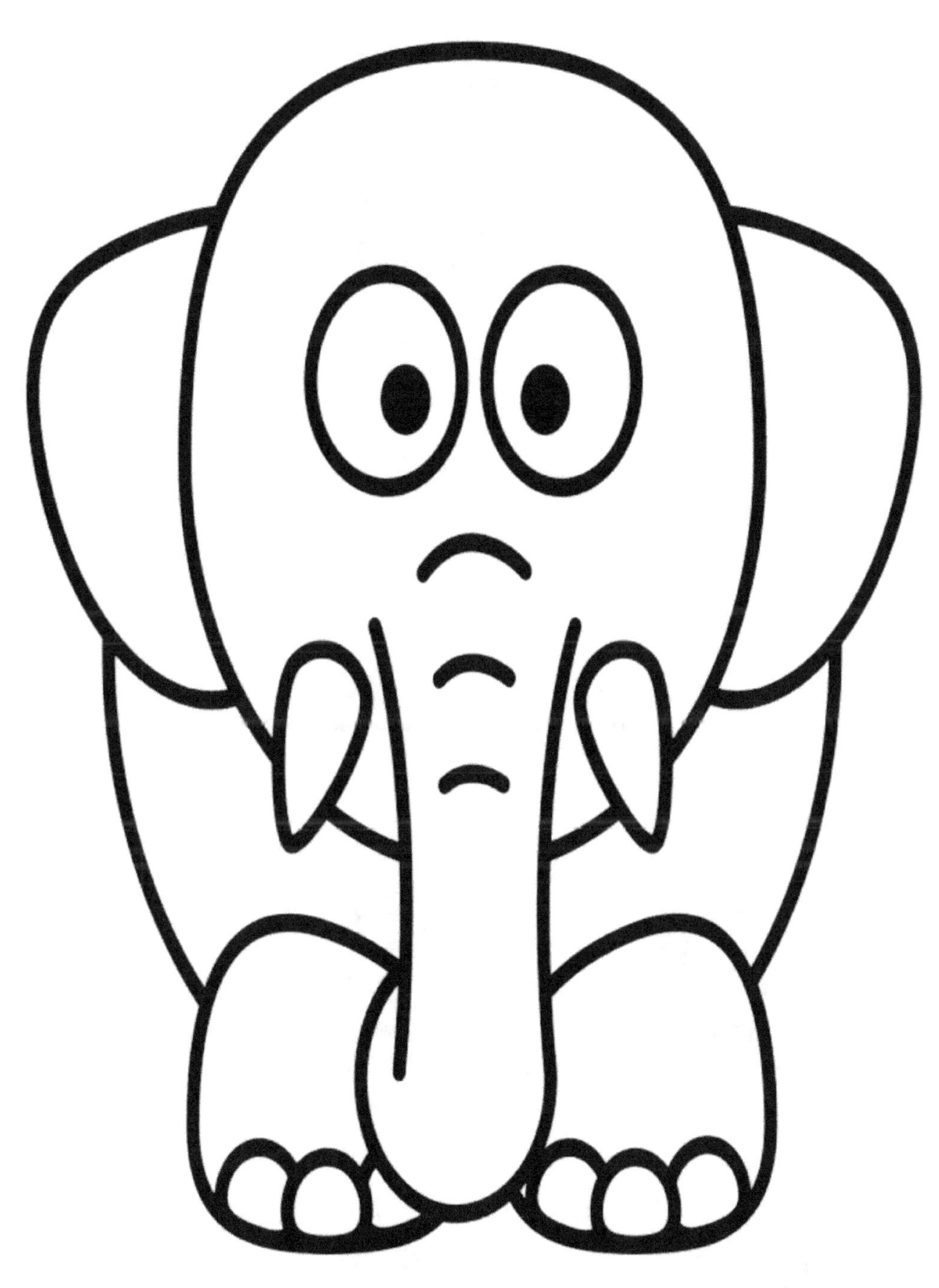

3

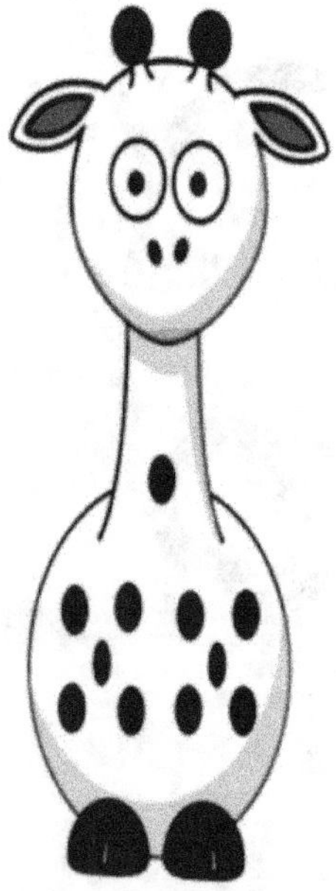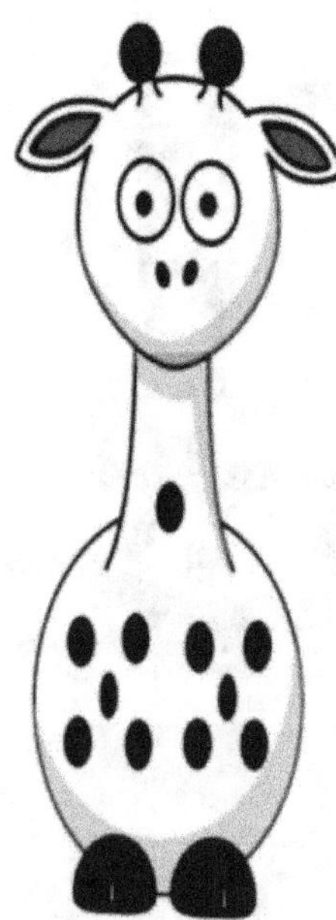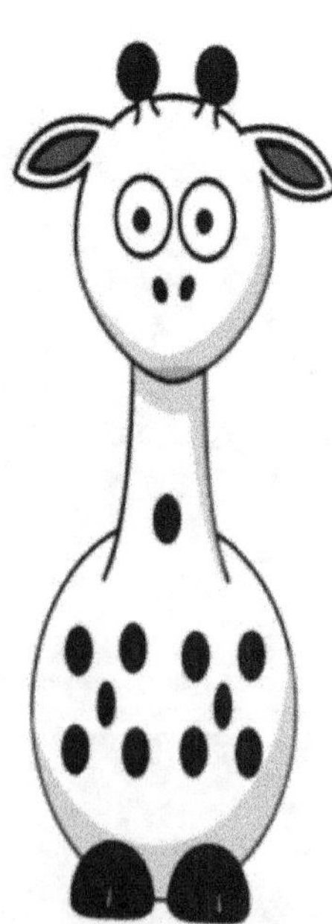

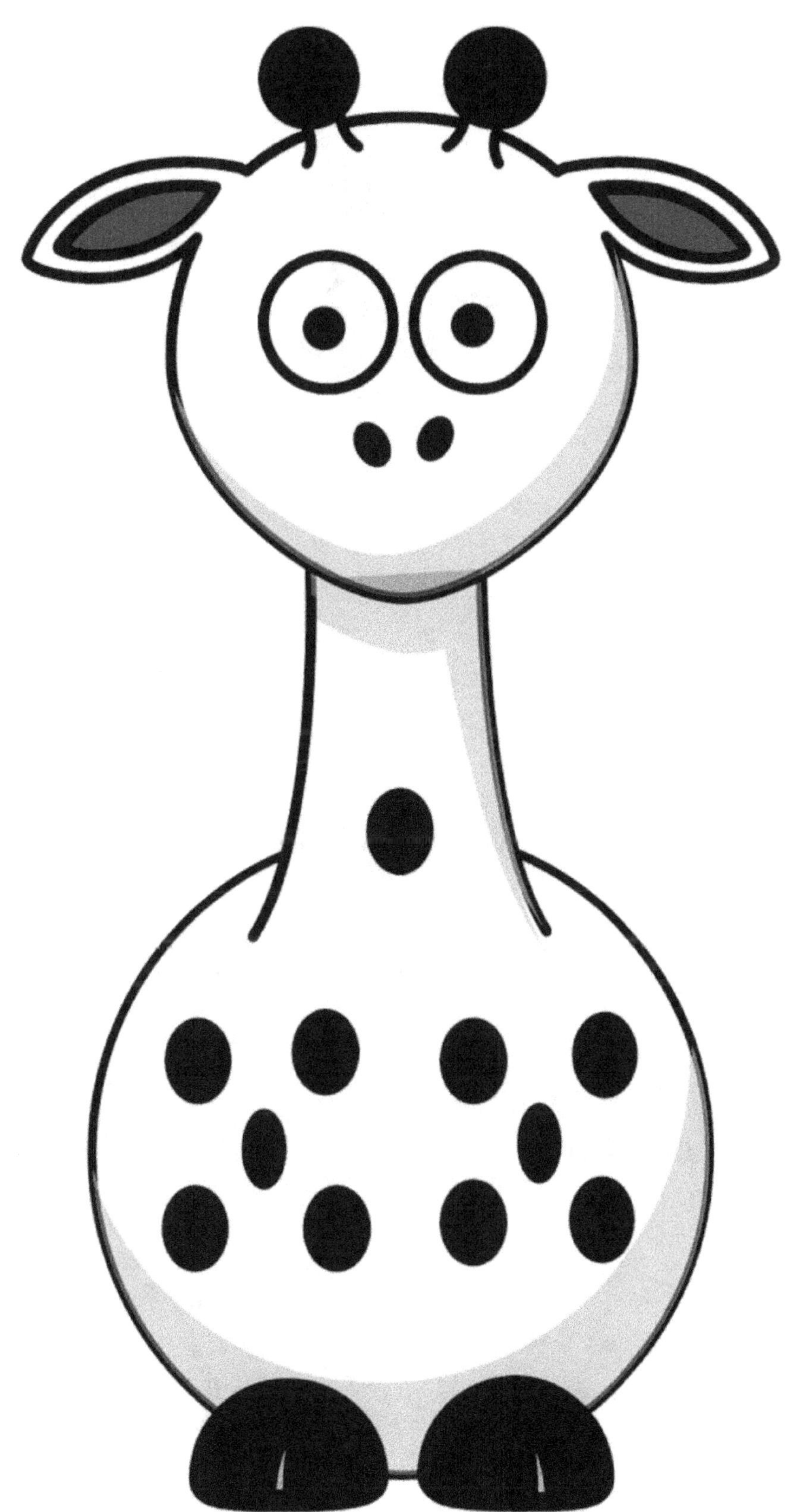

4

___

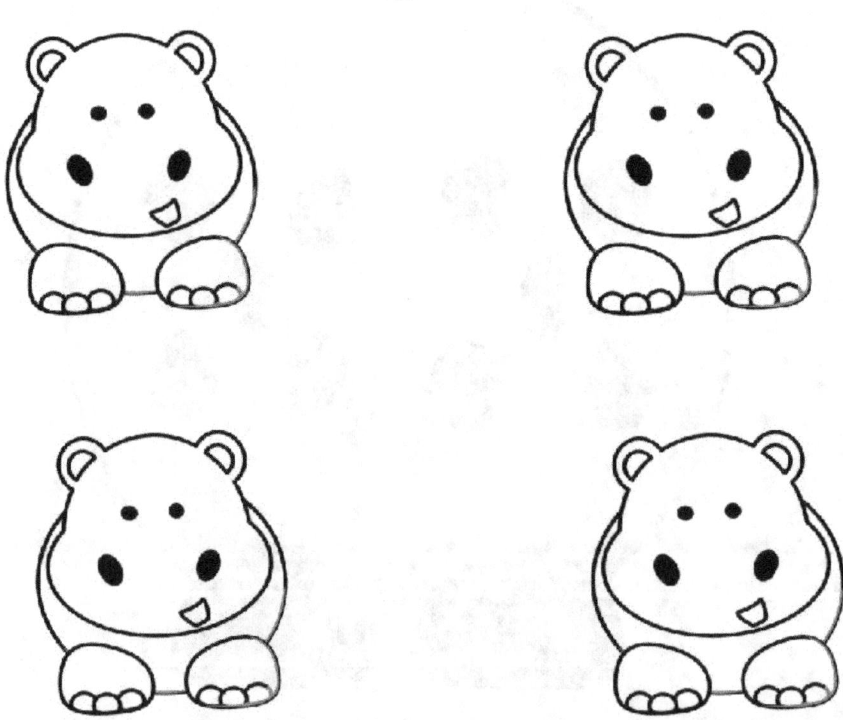

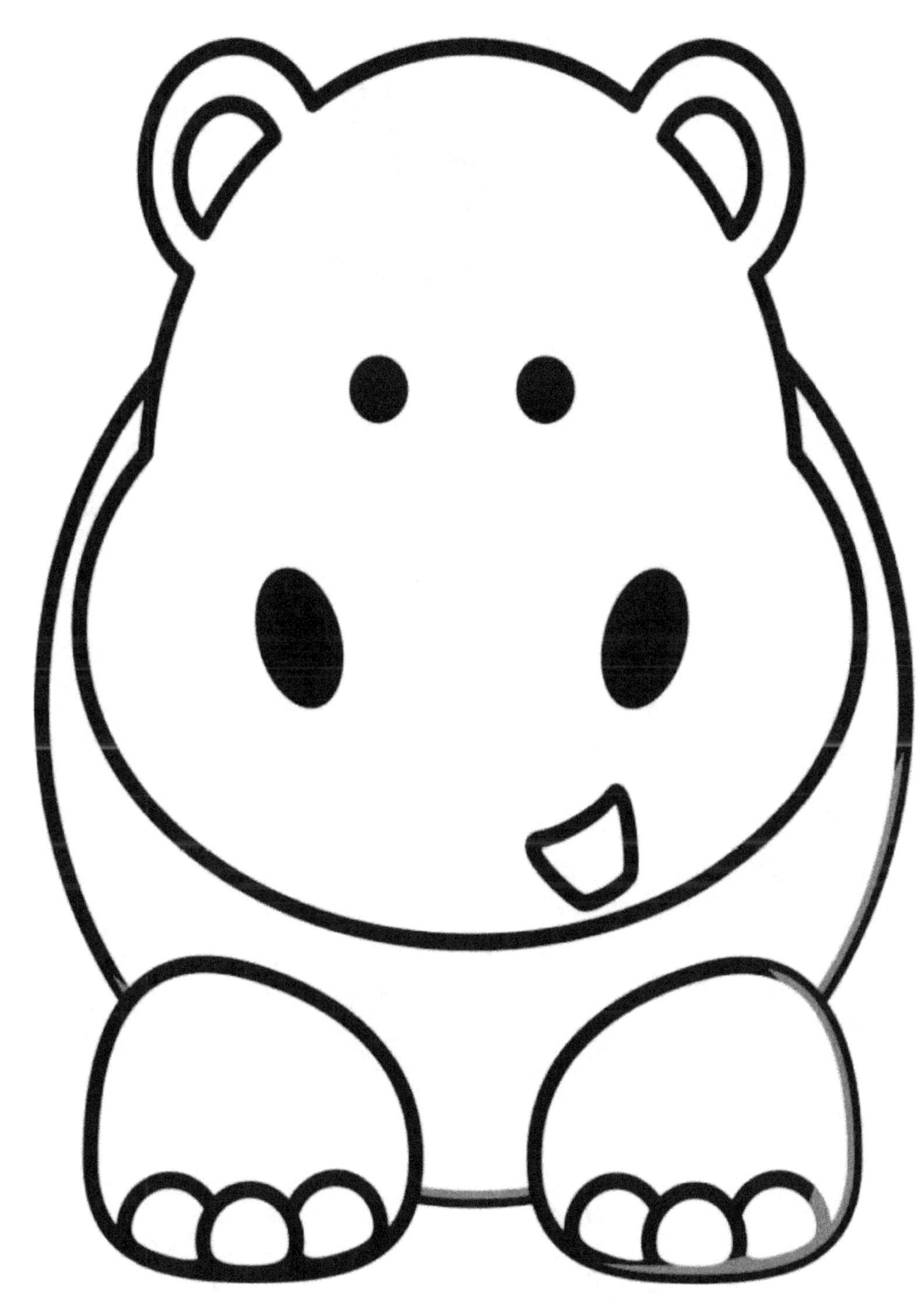

5

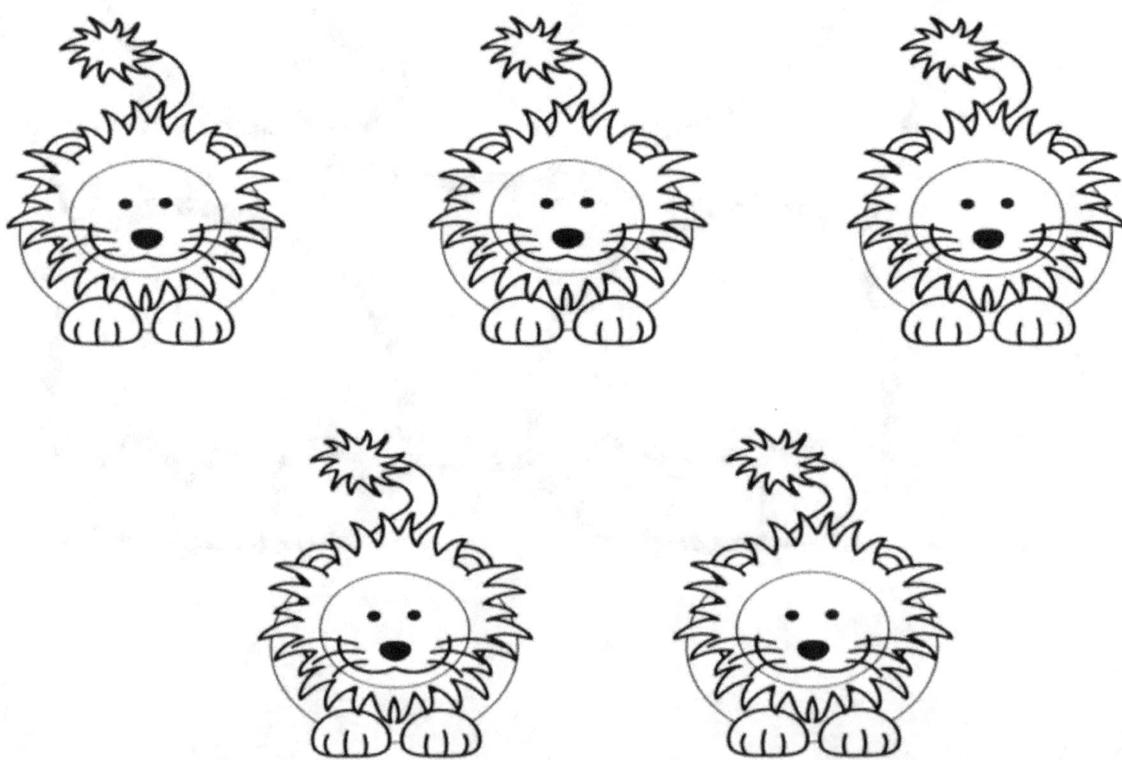

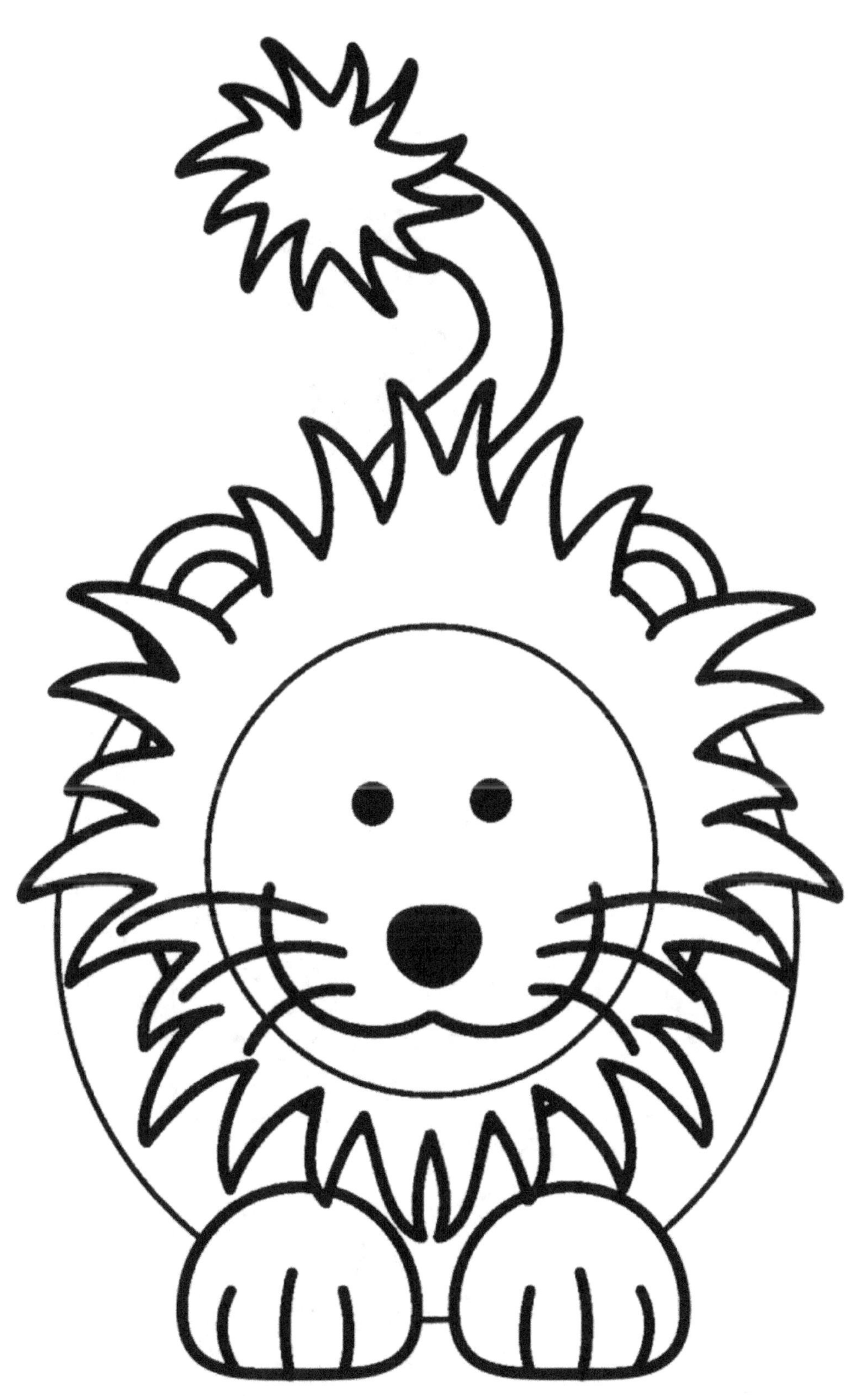

6

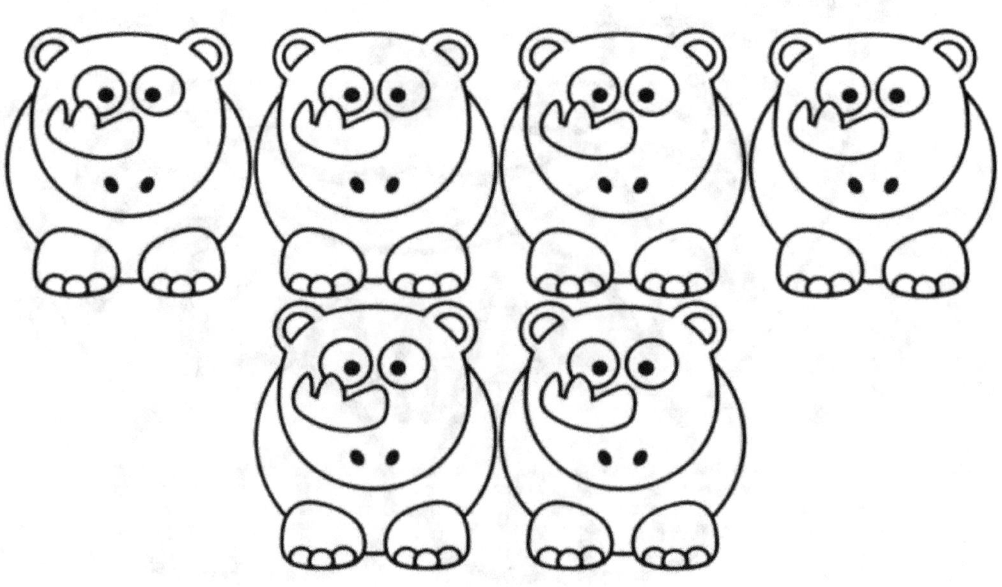

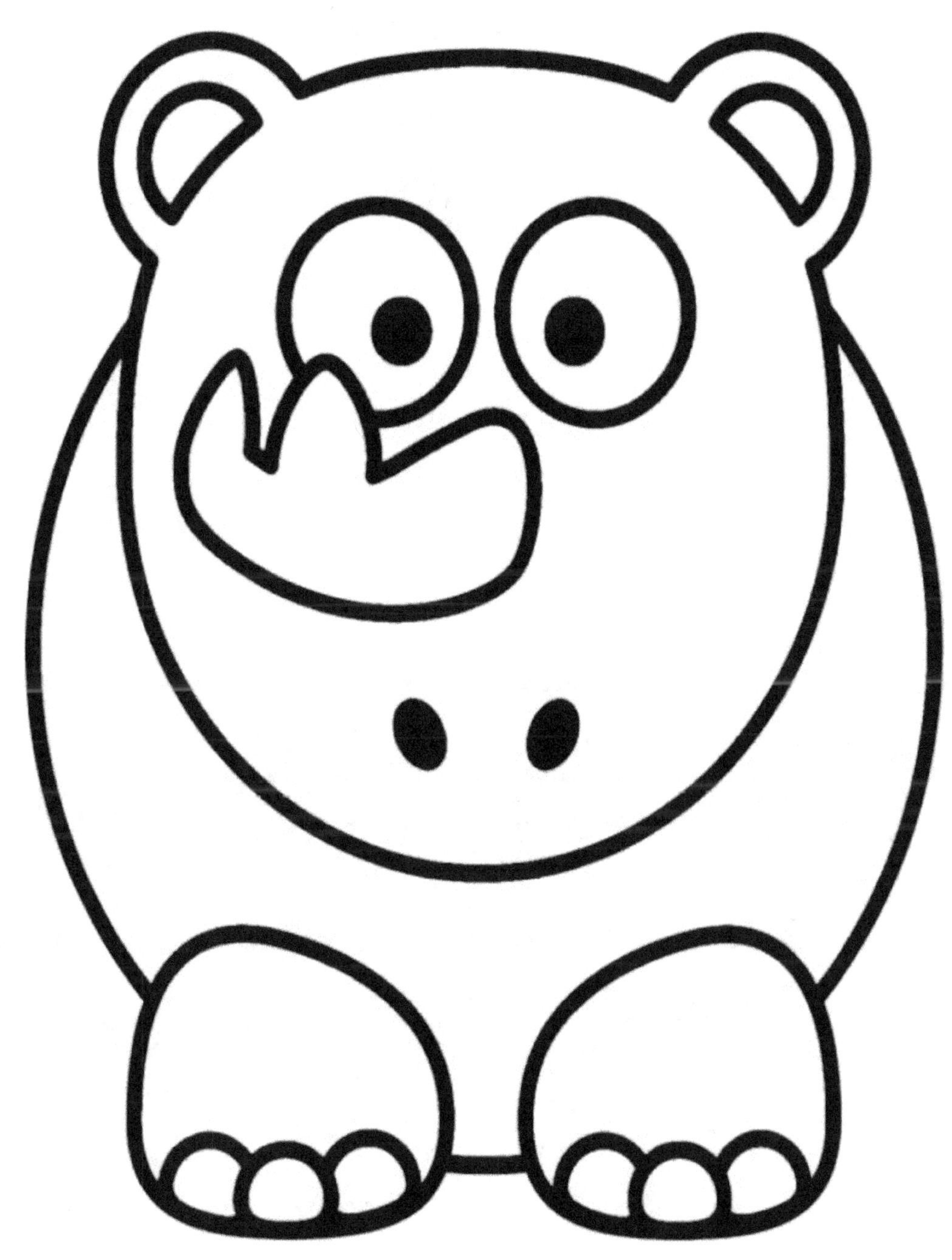

7

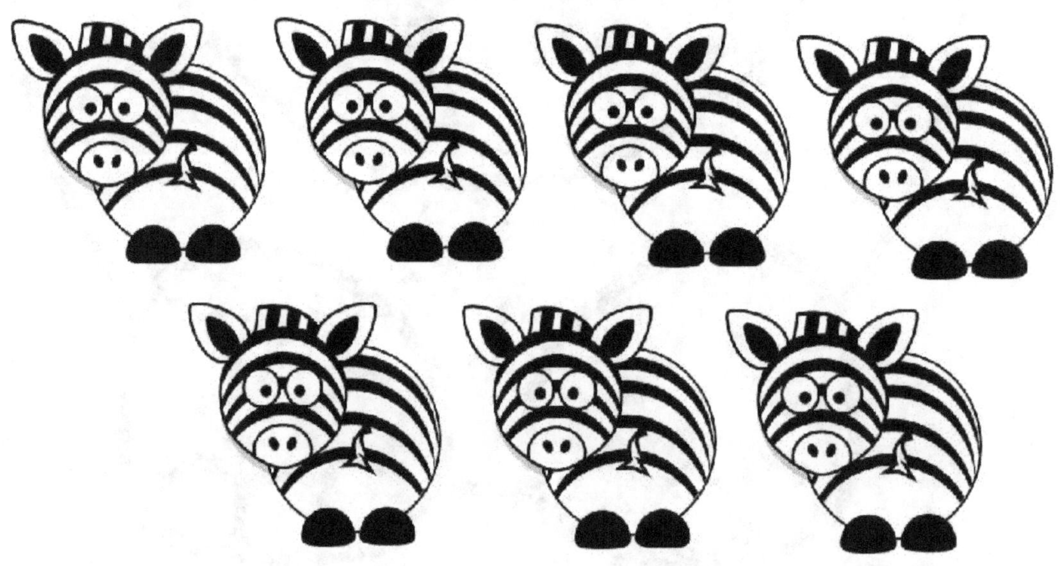

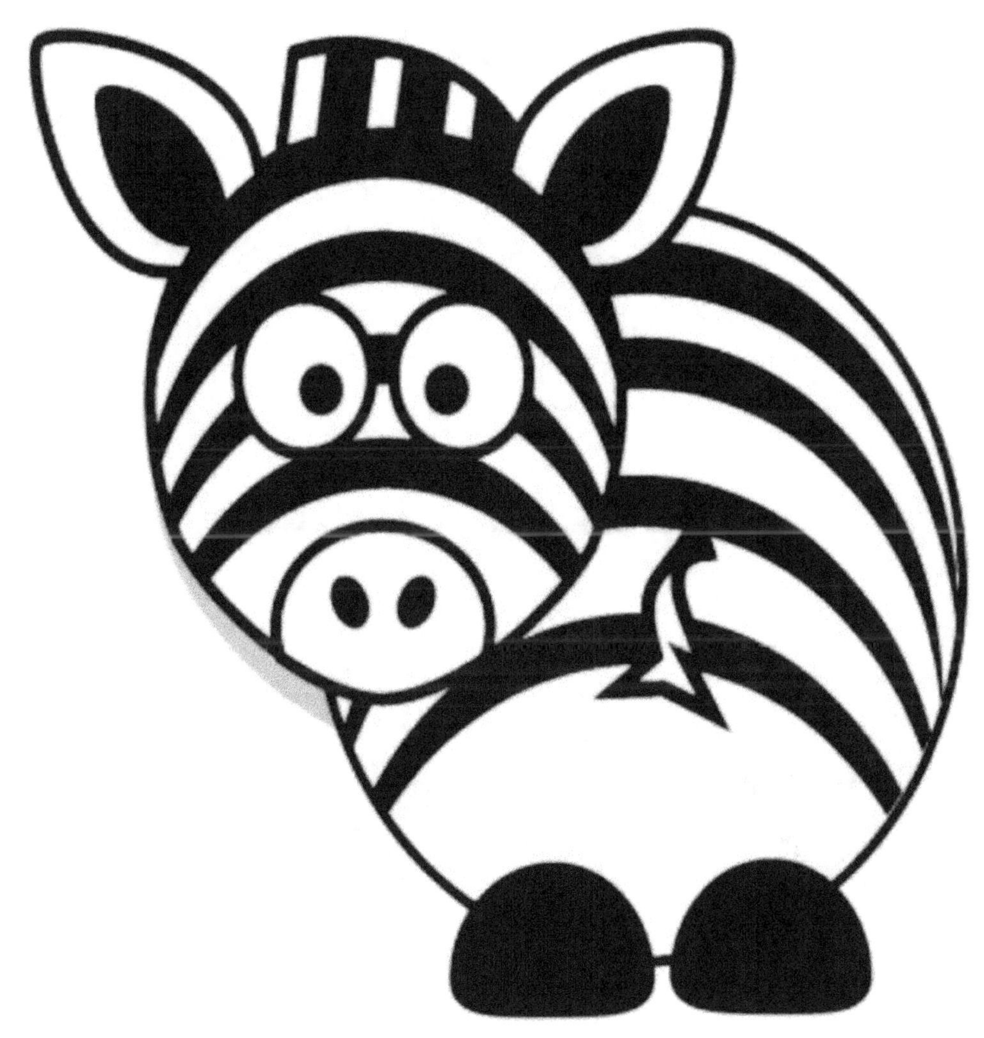

8

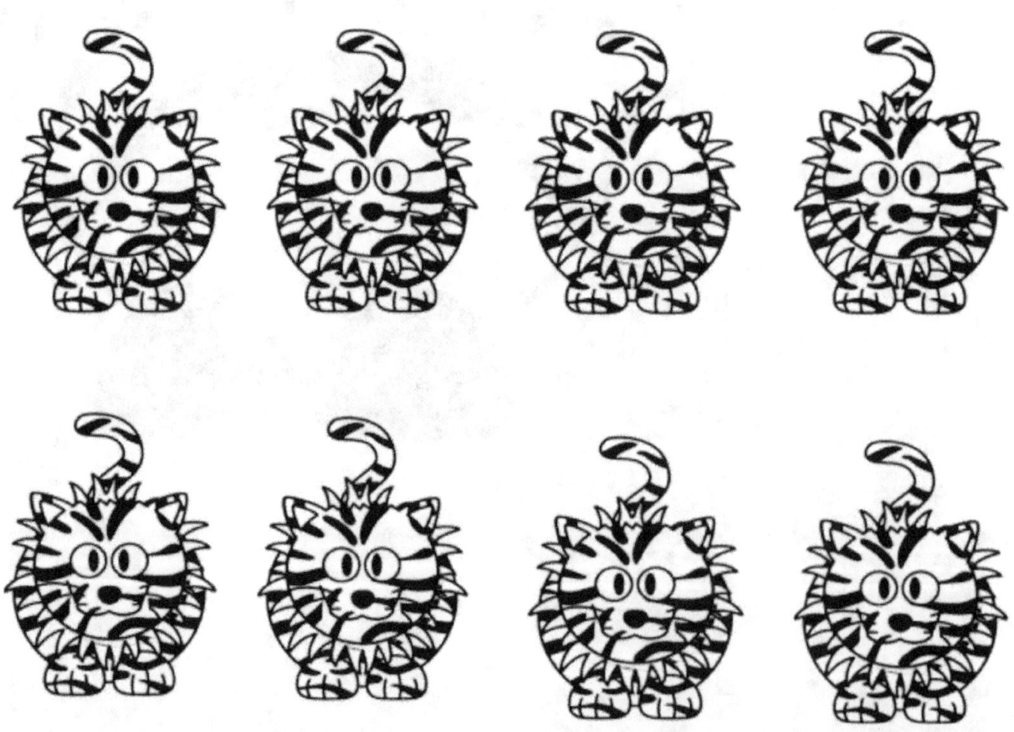

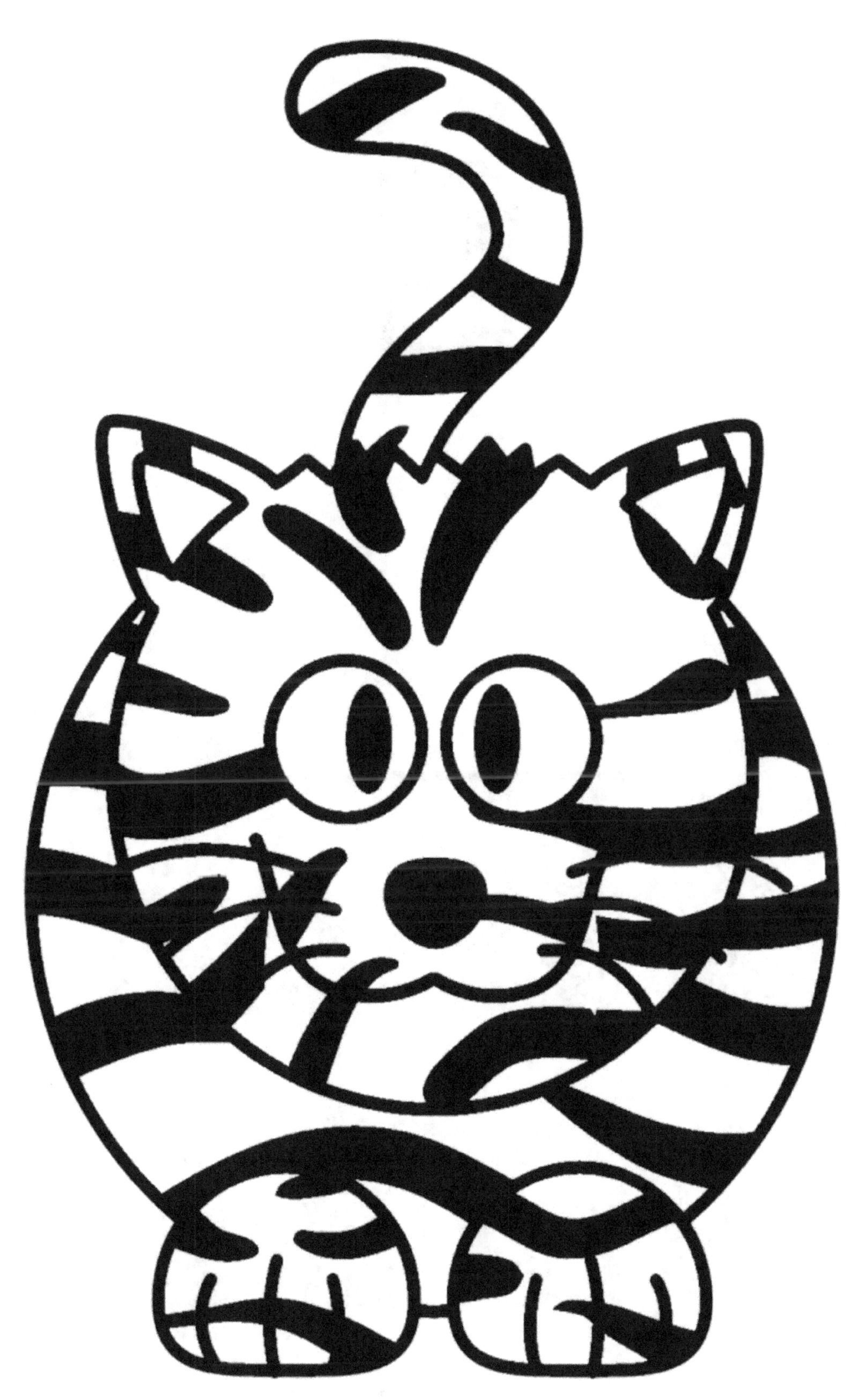

9

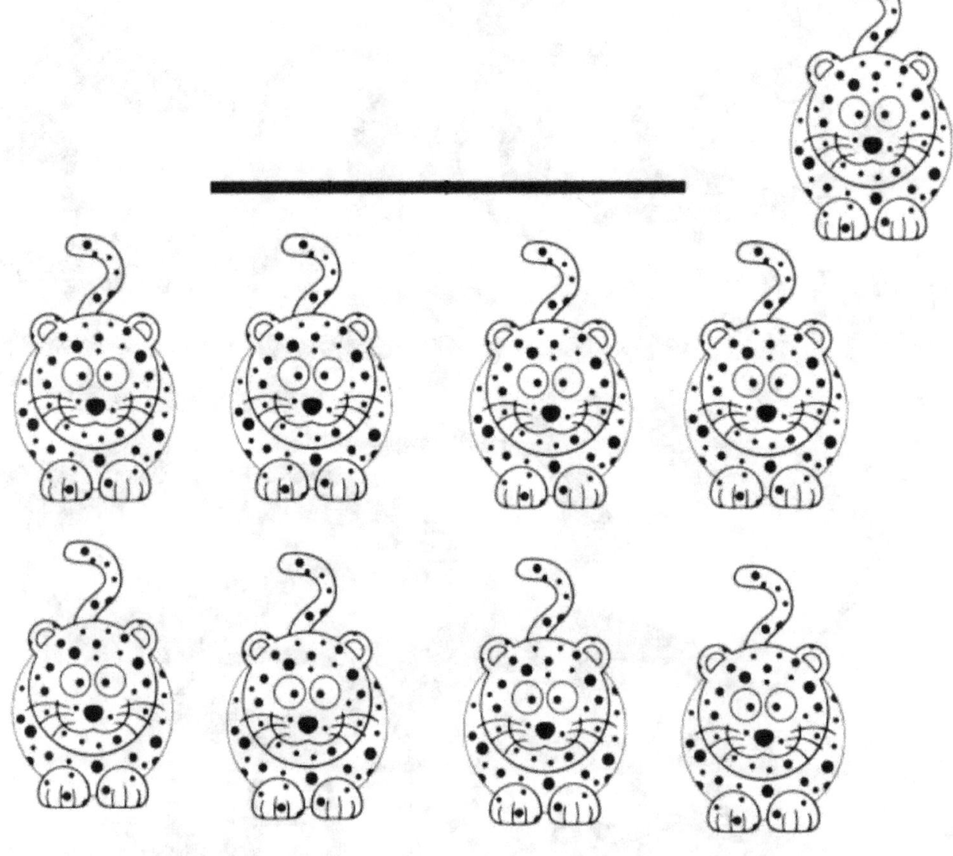

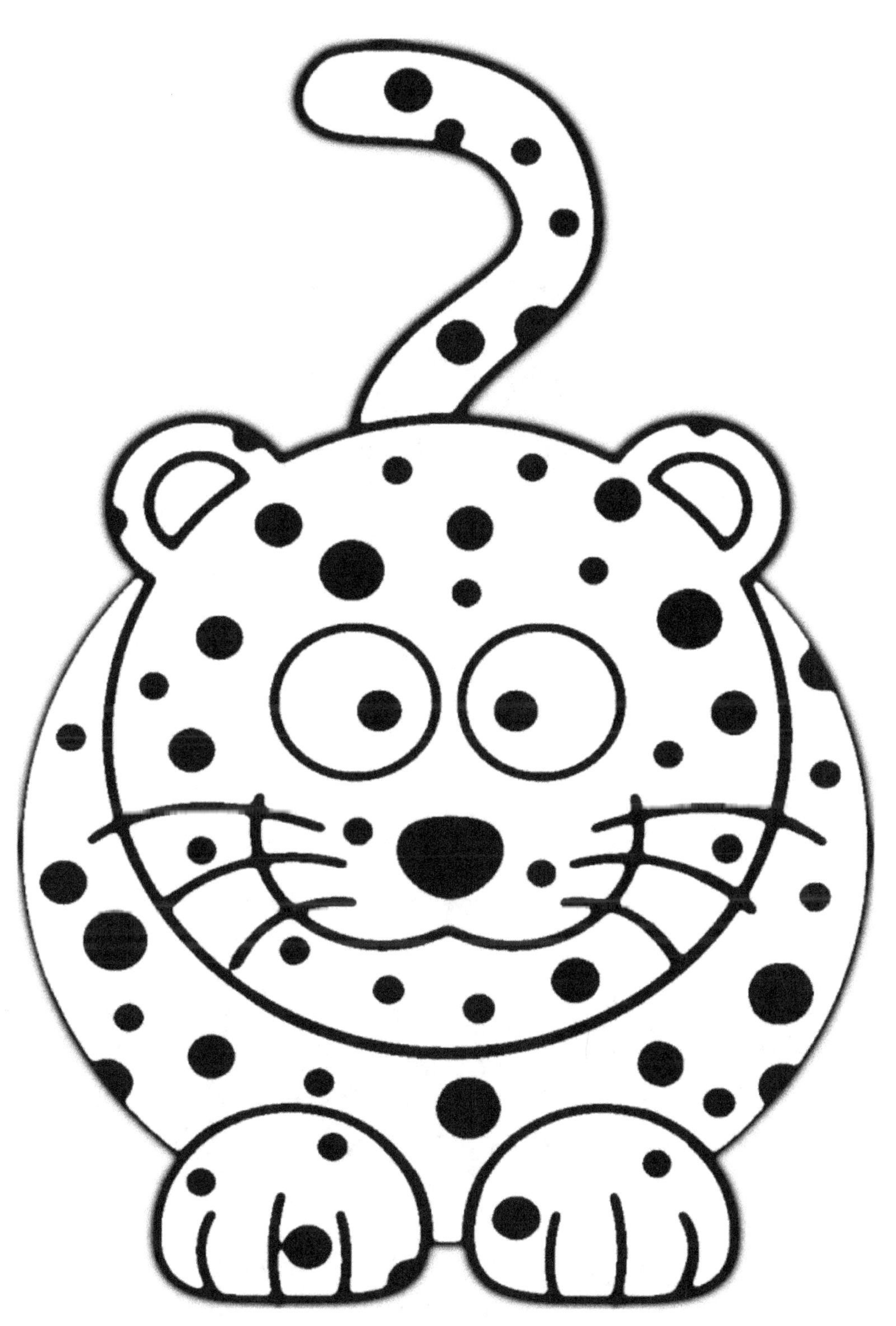

10

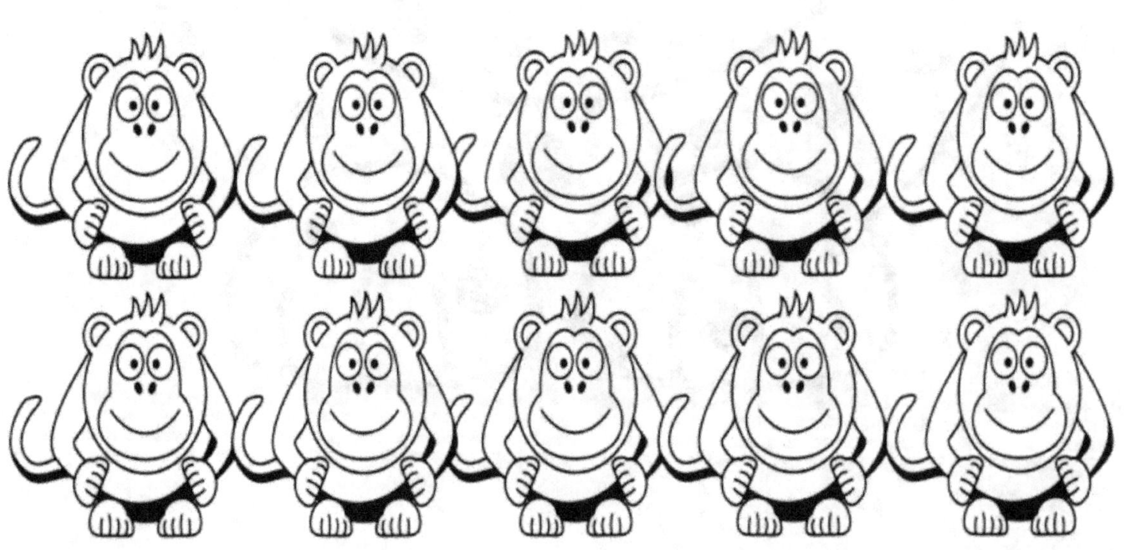

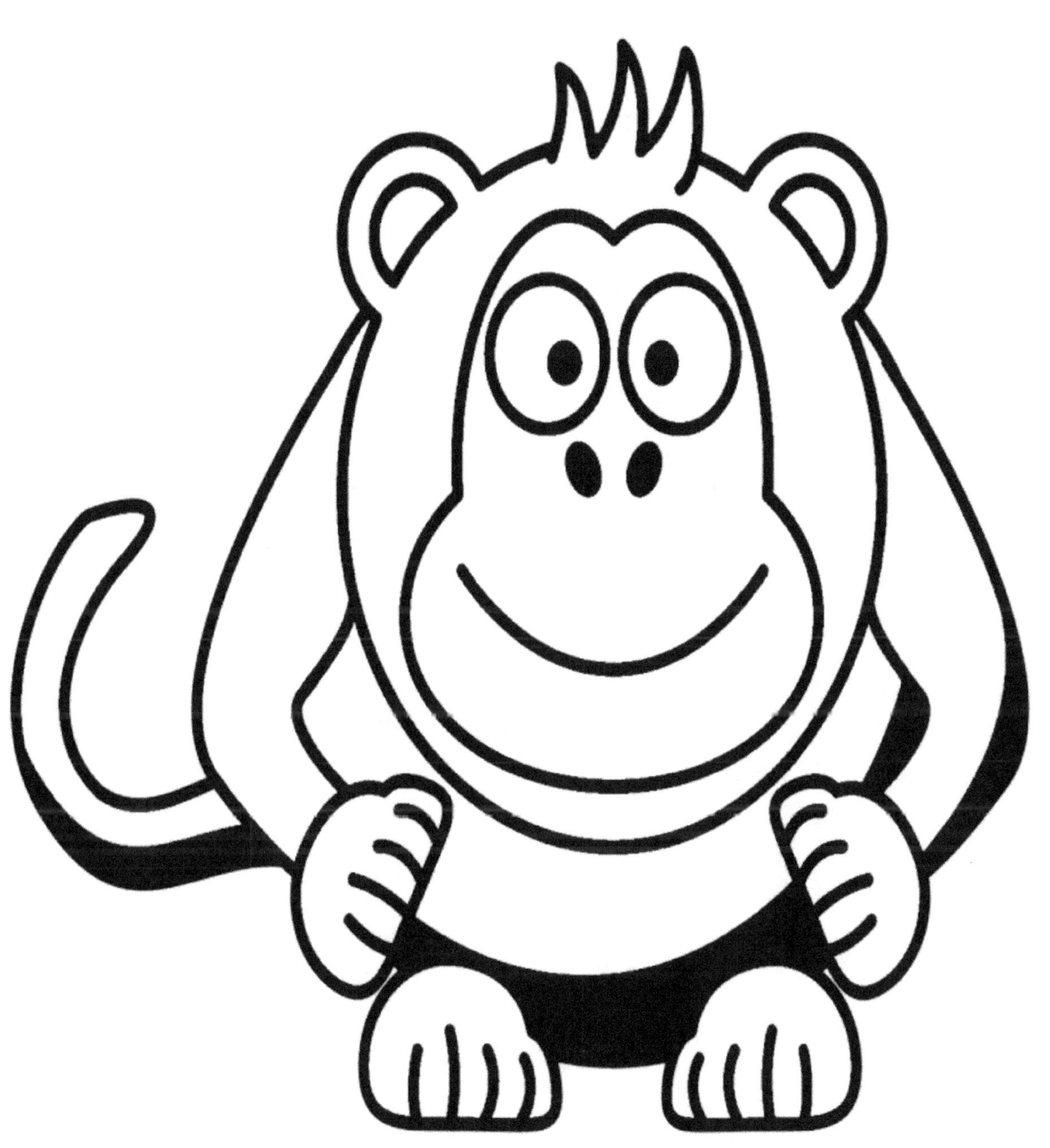

The End

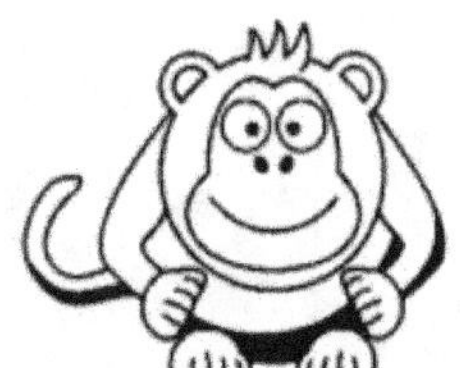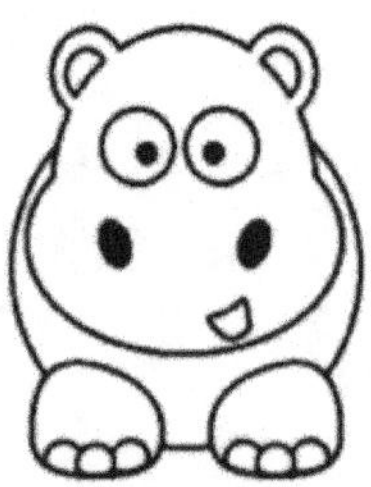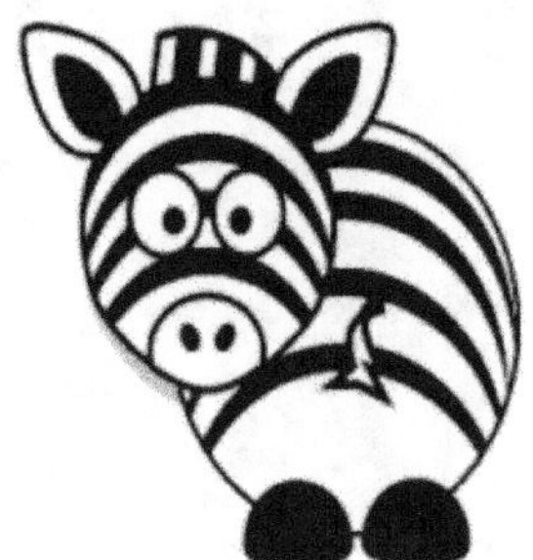